A PÁSCOA

Dados Internacionais de Catalogação na Publicação (CIP)
(Câmara Brasileira do Livro, SP, Brasil)

A Páscoa / idealização e coordenação Natália Maccari ; redação Suely Mendes Brazão. – 6. ed. – São Paulo : Paulinas, 2011.

ISBN 978-85-356-2824-1

1. Cristianismo 2. Páscoa I. Maccari, Natália. II. Brazão, Suely Mendes. III. Título.

11-04978 CDD-262.93

Índice para catálogo sistemático:
1. Páscoa : Cristianismo 262.93

Revisão: *Suely Mendes Brazão*
Ilustrações: *Osney F. Rocha*

6ª edição – 2011
3ª reimpressão – 2020

Nenhuma parte desta obra poderá ser reproduzida ou transmitida por qualquer forma e/ou quaisquer meios (eletrônico ou mecânico, incluindo fotocópia e gravação) ou arquivada em qualquer sistema ou banco de dados sem permissão escrita da Editora. Direitos reservados.

Paulinas
Rua Dona Inácia Uchoa, 62
04110-020 – São Paulo – SP (Brasil)
Tel.: (11) 2125-3500
http://www.paulinas.com.br – editora@paulinas.com.br
Telemarketing e SAC: 0800-7010081
© Pia Sociedade Filhas de São Paulo – São Paulo, 1996

Idealização e coordenação:
Natália Maccari

A PÁSCOA

*Redação:
Suely Mendes Brazão*

A passagem

Você sabe o que quer dizer "Páscoa"? É uma palavra da língua hebraica "Pessach" que quer dizer "passagem".

A Páscoa que Jesus comemorou na ceia com os apóstolos foi a Páscoa dos judeus. Todos os anos, estes reuniam-se para relembrar a passagem (Páscoa) do mar Vermelho, quando Deus livrou os judeus da escravidão no Egito.

Os cristãos também têm sua Páscoa, mas com outro significado. A Páscoa cristã relembra a <u>Ressurreição</u> de Cristo.

Ressurreição é ressurgir, voltar à vida, reviver.

Jesus ressuscitou, venceu a morte, passou para uma nova vida. É essa passagem de Jesus da terra para o céu que comemoramos na Páscoa.

Obs.: As palavras que aparecem sublinhadas em cada página têm uma explicação especial sobre seu significado na página 16.

Dobrando papel

Quem não conhece o simpático coelhinho que, na manhã do domingo de Páscoa, esconde os ovinhos de chocolate para que as crianças os procurem até encontrá-los?

Os coelhos se alimentam de ervas, raízes e sementes.

Você gostaria de ter, na próxima Páscoa, um coelhinho muito especial, feito por você mesmo? Não é difícil. Você pode até dar seus coelhinhos para os seus amigos, e seus familiares com mensagens de Páscoa, separados ou com ovinhos de Páscoa. Gênio, não? Para isso basta ter um quadrado de papel branco, com 15cm de lado, e acompanhar os desenhos que se seguem.

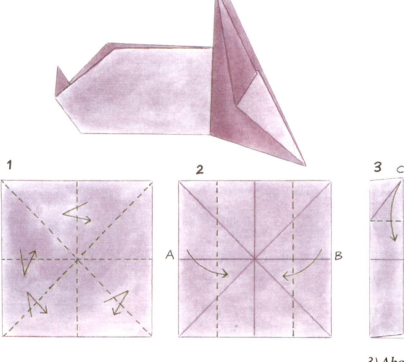

1) Traçar duas diagonais e duas medianas em vale.

2) Conduzir os dois lados a e b à mediana.

3) Abaixar o lado superior, levando-o à mediana.

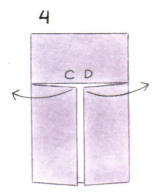
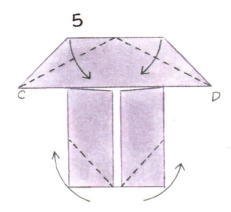

4) Levar as pontas internas C e D para o lado externo.

5) Dobrar em vale e montanha, seguindo as linhas indicadas

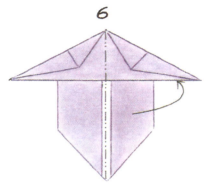
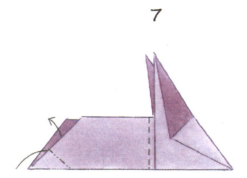

6) Dobrar o molde ao meio. Girar.

7) Empurrar a cauda para dentro e dobrar a cabeça, seguindo a linha traçada.

Domingo: dia do Senhor

Foi no primeiro dia da semana, o domingo, que Cristo ressuscitou.

A palavra "domingo" quer dizer "dia do Senhor". Ela vem do termo latino "dominus", que significa "senhor". Nossa!!! Você já sabia disso? Agora que sabe conte pra todo mundo: *Domingo é o dia do Senhor.*

Jesus já dissera aos seus discípulos que iria ressuscitar, mas estes não entenderam a sua mensagem. Agora, depois, que Jesus ressuscitou ficaram muito alegres e espertos também, porque Jesus mandou um reforço para eles e para toda a Igreja, o Espírito Santo. Ah! Isso foi o Pentecostes, que é um outro importante acontecimento na vida da Igreja.

Vamos ao teatro

Você gosta de teatro? Já pensou algum dia em ser ator ou atriz e representar peças? Pois aqui está uma boa oportunidade para você começar. Quem sabe acabará descobrindo sua verdadeira vocação?

Mas este teatro é muito diferente, é bem melhor. Porquê? Porque é um teatro de bonecos. Você já foi a um teatro de bonecos? É demais, não? Cada boneco engraçado, cada estória do "arco-da-velha", é diversão da boa e certa. Então, vamos criar nosso próprio grupo de teatro de boneco? Ótimo!

A seguir, você encontrará quatro desenhos que lhe servirão de tema para montar sua peça de teatro. Reúna seus colegas e amigos, escreva junto com eles o texto da peça, monte o palco e os cenários, faça os bonecos, dê-lhes nomes e mãos à obra...

Você poderá encontrar muitos elementos e sugestões para encenar sua peça na Bíblia, no Novo Testamento, no Evangelho de Mateus, capítulo 28; no Evangelho de Marcos, capítulo 16; no Evangelho de Lucas, capítulo 24; e no Evangelho de João, capítulos 20 e 21.

A Ressurreição

Após sua morte, na sexta-feira, Jesus foi retirado da cruz e colocado num <u>sepulcro</u> por alguns de seus amigos.

No domingo, bem cedo, duas mulheres foram até o túmulo, mas Jesus já não estava mais lá. Outros dois discípulos, Pedro e João foram avisados pelas mulheres, também foram até o sepulcro e viram que realmente o corpo de Jesus não se encontrava ali.

Surpresa:

Jesus havia ressuscitado!

Que alegria! Não é possível se conter. Se der vontade de pular, pule. De dançar, dance... Chame todos faça uma festa.

Jesus ressuscitou!!!

Encontre se puder

Já dissemos que, no domingo de Páscoa, o coelho esconde os ovos de chocolate para que as crianças os procurem. Pois o coelhinho do desenho escondeu tão bem o seu ovo no meio da floresta que agora nem mesmo ele o encontra para levá-lo à cidade.

Você poderia ajudá-lo? As crianças estão esperando pelo presente de Páscoa.

Obs.: *Você encontrará as respostas a todas as atividades na página 16.*

Visitas de Jesus a seus discípulos

Depois da Ressurreição, Jesus esteve ainda algumas vezes com seus discípulos.

Jesus fez um pedido a eles que fossem por todos os lugares e ensinassem tudo o que haviam aprendido. E pediu que os apóstolos batizassem as pessoas em nome do Pai, do Filho e do Espírito Santo.

Jesus é legal. E os seus amigos fizeram tudo direitinho como Jesus pediu. Fizeram muito bem. Porque há dois mil anos que nós os cristãos, os amigos de Jesus, somos visitados por Jesus na páscoa, na festa da sua ressurreição. Jesus pode contar com você para continuar sua missão?

O que é? O que é?

Você é bom em adivinhação?

Charadas são sempre um bom passatempo. Além disso, você fica sabendo muitas coisas e aprende palavras novas. Tente adivinhar o significado destas charadas.

a) O que é ? O que é?
Ele consegue encher uma casa, mas não enche uma mão. Está sempre amarrado pelas costas. E consegue entrar e sair de uma casa que não tem portão.

b) O que é? O que é?
Ele é sempre posto na mesa; é partido e repartido, mas não se come...

Gostou? Que tal um campeonato de "O que é? O que é?" Ganha quem acertar mais adivinhações e quem souber ou trouxer mais charadas tem prêmio especial. O jogo pode ser individual, por time ou dos dois jeitos. Depois de tudo organizado convide seus amigos e familiares para assistir e participar do jogo. Será divertido, com certeza.

Obs.: *Respostas na página 16.*

Jesus vai para o céu

Um dia, após conversar com seus discípulos, Jesus levantou as mãos e abençoou cada um deles. Depois subiu ao céu, desaparecendo entre as nuvens. A subida de Jesus ao céu chama-se Ascensão.

Os discípulos, com muita alegria, saíram e começaram a pregar os ensinamentos de Cristo por toda parte. E o Espírito de Jesus estava sempre com eles. E continua até hoje com a gente, que somos amigos de Jesus. E continuará amanhã, depois, até a eternidade...

Faça você mesmo

Você gosta de ovos de Páscoa? E quem não gosta?

Pois vamos ensiná-lo a fazer deliciosos ovos de chocolate. Você poderá fazer quantos quiser e dá-los de presente a toda a sua família, aos amigos, colegas e vizinhos. Você pode usar o coelhinho de papel que aprendeu a fazer para ser dado junto com os ovos que você irá fazer.

Para que saia tudo bem peça ajuda da mamãe do papai...não faça sozinho, fica mais fácil quando temos ajuda. Pode confiar. Siga as orientações que damos a seguir.

a) Compre uma forma de plástico, do tamanho que quiser, em forma de ovo de Páscoa. Para fazer ovinhos, há formas com seis ou doze unidades.

b) Compre também uma barra grande de chocolate (ou quantas quiser) e derreta-a numa panela, em fogo baixo.

c) Quando o chocolate estiver derretido, despeje um pouco dentro da forma e espalhe-o, enquanto está quente, por toda a forma do ovo, com uma espátula, colher ou mesmo pincel.

d) Espere até o chocolate esfriar e endurecer e então retire a "metade" do seu ovo.

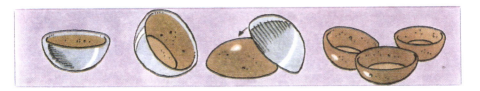

e) Faça outra vez a mesma coisa, para obter a outra "metade".

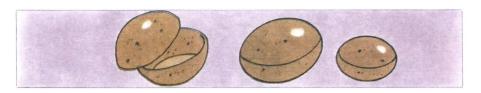

f) Recheie o seu ovo com balas, bombons ou ovinhos pequenos, embrulhados ou não.

Oração

Que satisfação, meu Jesus, vê-lo vivo outra vez! Espero que me ajude sempre a respeitar os seus ensinamentos e a nunca me separar de você. E faça com que eu possa viver sempre do modo que você quer, com alegria e humildade. Amém!

Para você recordar

Em qualquer livro que se leia, sempre há palavras que não conhecemos bem, ou que não sabemos exatamente o que querem dizer. Nesta página você encontrará o significado de algumas palavras que apareceram nos textos deste livro.

Ressurreição - ato de ressurgir; festa em que se comemora a volta de Jesus à vida, três dias após sua morte.

Sepulcro - cavidade na pedra, onde se depositam cadáveres; túmulo; sepultura.

Ascensão - subida; promoção; festa que comemora a glorificação de Cristo, após sua morte, com sua subida ao céu.

Respostas às atividades

página 10: O ovo de Páscoa está na frente da árvore, à direita.

página 12: a) botão / b) baralho